PIERRE NATURELLE & HABITAT

Mars 2004
Dépôt légal: D/2004/8232/2
ISBN: 2-930367-18-0

Editeur
BETA-PLUS sa
Termuninck 3
B - 7850 Enghien
Tél : +32 (0)2 395 90 20
Fax : +32 (0)2 395 90 21
Website: www.betaplus.be
E-mail: betaplus@skynet.be

Photographie
Jo Pauwels e.a. (crédit photographique p. 224)

Mise en pages
POLYDEM sprl
Nathalie Binart

Traduction
Alexia Aughuet

Editeur responsable
Wim Pauwels
Termuninck 3
B - 7850 Enghien

Mars 2004
Dépôt légal: D/2004/8232/2
ISBN: 2-930367-18-0

© Tous droits de traduction, d'adaptation et de reproduction par tous procédés,
y compris la photographie et les microfilms, réservés pour tous les pays.

Page de gauche
Cette salle de bains a été dessinée par l'architecte *Vanhooren* et réalisée entièrement en granit Jasberg :
finition flammée pour le sol et le bain et finition polie pour le meuble de lavabo.

Pages suivantes
Une réalisation de l'architecte *R. Lark* : l'homogénéité des matériaux produit une atmosphère sereine.

SOMMAIRE

11 | Avant-propos

14 | Partie I: LA PIERRE NATURELLE DANS ET AUTOUR DE L'HABITATION

42 | Partie II: REALISATIONS INSPIRATRICES

44   Les multiples facettes de la pierre de lave Basaltina
52   Hommage à la chaux Muschel
60   Pierre de France, Buxy et chêne dans une maison contemporaine
64   Rénovation complète d'une maison de vacances à Knokke
70   Harmonie du bois et de la pierre naturelle
74   Association subtile de Buxy gris et de Massangis clair dans une habitation moderne
80   Un chef-d'oeuvre en pierre naturelle
88   Restauration contemporaine d'un hôtel de maître classique
98   Aménagement sobre en Azul Valverde

104 | Partie III: PIERRE NATURELLE: LE POINT DE VUE DES SPECIALISTES

106   Etonnante confrontation de cuivre et de pierre naturelle
112   Pierre naturelle espagnole dans une salle de bains exclusive
116   *Westvlaams Tegelhuis*: donne le ton dans le domaine de la pierre naturelle

124	*Stone West*: un éventail complet pour les professionnels de la pierre naturelle
136	*Carrières du Hainaut*: *Pierre Bleue du Hainaut*® plus actuelle que jamais
140	*La Pierre Bleue Belge*: entre tradition et modernité
144	*Hullebusch*: un faiseur de tendance avide d'expansion
152	Une préférence pour les matériaux authentiques érodés par le temps

156 | Partie IV: PIERRE NATURELLE ET SAVOIR-FAIRE

158	De la demeure de campagne à l'architecture hypermoderne: le travail sur mesure de *Van Den Weghe*
172	*Atelier Bruno Noël*: maîtrise artisanale
180	*Louis Culot*: un partenaire accompli
186	Trois salles de bains du *Groupe Moris* dans un style contemporain et intemporel
194	*Vanderlinden-Holemans*: travail sur mesure exclusif
200	*Cousaert-Van der Donckt*: une passion pour le Petit Granit
204	*Michel Verschaeve*: la pierre naturelle recouverte de la patine des années
208	*Gijsen Stijlschouwen*: leader incontesté

217	Guide d'adresses
224	Crédit photographique

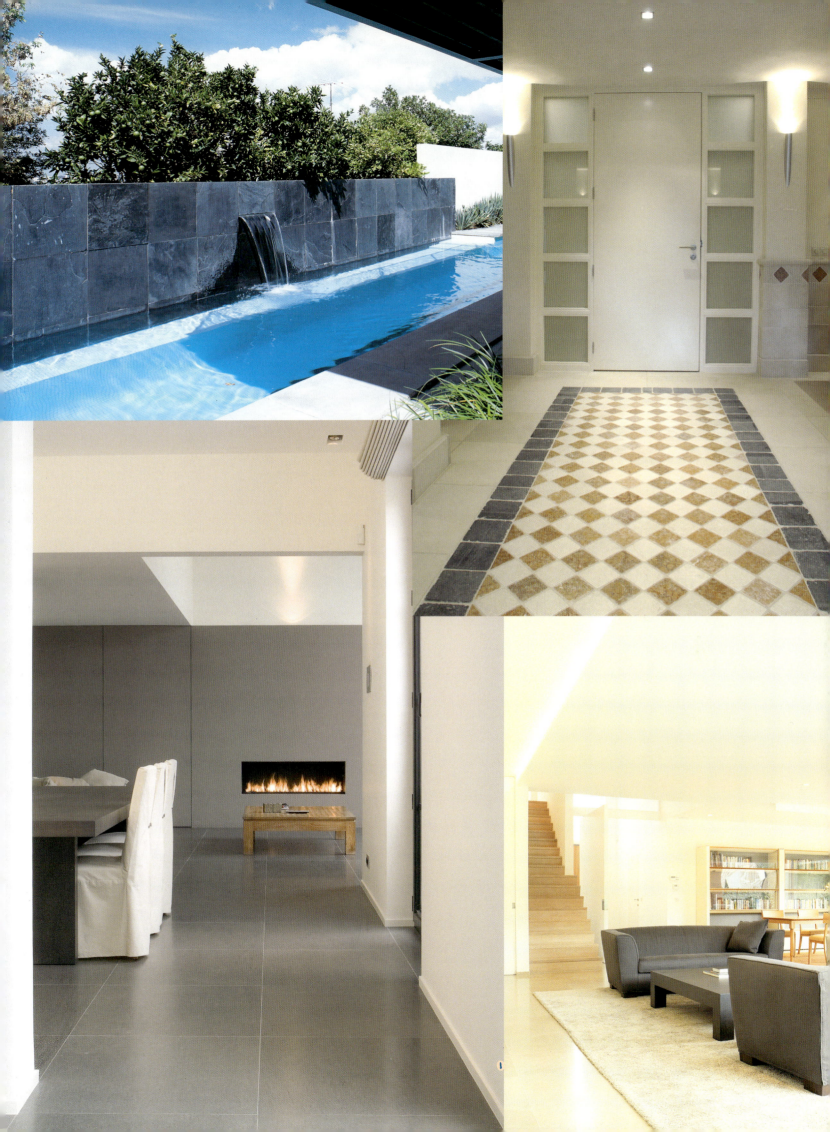

AVANT-PROPOS

La pierre naturelle, sous toutes ses facettes, a joué un rôle important dans l'évolution de l'histoire de l'architecture : depuis la nuit des temps, les ouvrages d'art les plus prestigieux et les plus exclusifs sont réalisés en marbre de Carrare, en pierre blanche de France, en pierre bleue belge, en Rouge Royal, Rojo Alicante, African Juparana, Thassos, Belfast Black, Travertino, Breccia, Emperador, Pietra Serena, et bien d'autres encore.

En 2004, la pierre naturelle n'a pas perdu une once de sa magnificence : il s'agit de l'un des matériaux de construction les plus nobles et les plus durables, qui possède en outre un cachet à la fois intemporel et actuel.

Architectes et décorateurs de renom intègrent la pierre naturelle de manière tout à fait convaincante dans la plupart de leurs projets. Ils témoignent à cet égard souvent d'un énorme talent de virtuose et jettent un regard visionnaire sur l'architecture d'intérieur. Cet ouvrage reprend des dizaines de réalisations qui illustrent merveilleusement les multiples possibilités créatives qu'offre la pierre naturelle dans l'habitat : de la façade au hall d'entrée, dans le séjour, la cuisine, la salle de bains, la terrasse, la piscine, etc. Les possibilités sont légion.

PIERRE NATURELLE & HABITAT se veut avant tout une source d'inspiration pour celui qui envisage d'intégrer ce matériau noble dans et autour de sa maison. Cet ouvrage fait également la part belle aux professionnels et artisans de la pierre naturelle, capables de transformer la pierre à l'état brut en réalisations aussi splendides les unes que les autres.

Wim Pauwels
Editeur

PAGE DE GAUCHE
Pierre naturelle séculaire dans une maison de campagne restaurée authentique : marbre blanc de Carrare (Italie) associé à de la pierre bleue belge.

PAGES SUIVANTES
Pierre naturelle Emperador Black (Espagne) dans cette salle de bains d'une maison de campagne récemment achevée. Réalisation de *Van Den Weghe* dans un projet de *Themenos*.

PARTIE I

LA PIERRE NATURELLE DANS ET AUTOUR DE L'HABITATION

LA PIERRE NATURELLE DANS LE HALL

Page de gauche
Le hall du *Groupe Moris* avec sol en anciennes dalles de pierre bleue.

Un sol de *Philippe Van Den Weghe* en Azul Fatima bouchardé et vieilli.

Le hall de cette habitation imaginée par *Claire Bataille & Paul ibens* est revêtu de chaux Muschel. Le banc a été créé par le couple de concepteurs pour *Appart*.

Carrelages en marbre de Carrare écuré, placés en diagonale. Une réalisation du *Groupe Moris*.

PAGE DE GAUCHE

Pour ce hall, le choix de *Bataille & ibens* s'est porté sur des carrelages en Pietra Serena.

Carrelages Dorsaf en style "soignies" de *Hullebusch*.

Un sol en Noir de Vinalmont poli, une pierre naturelle belge, dans la *Vitrine de la Wallonie* à Bruxelles (un projet du bureau d'architectes *Axia*). Réalisation *Vanderlinden – Holemans*.

LA PIERRE NATURELLE DANS LA CUISINE

Cette cuisine a été conçue par les célèbres architectes australiens *Roger Wood & Randal Marsh*.

Ce sol en Manoir beige (format 80x80 cm, finition écurée) a été livré par la société *Westvlaams Tegelhuis*.

Page de gauche

Cette cuisine a été créée par *Péristyle* avec de la pierre Buxy.

Pages suivantes

Cette cuisine a été dessinée par l'architecte *L. Vanhooren*. Le plan de travail et le sol sont en granit Jasberg : finition polie pour le plan de travail et flammée pour le sol.

Cette cuisine a été réalisée dans l'atelier artisanal de taille de pierre de *Bruno Noël*. Le plan de travail avec vasques intégrées a été réalisé en pierre bleue belge non polie : le plan a été huilé pour le protéger et accroître sa durée de vie.

PAGE DE GAUCHE
Une cuisine du constructeur de villas *Costermans*.

Un projet de *Bataille & ibens*.

Détail tiré d'une cuisine dessinée par l'architecte *Wim Goes* et réalisée par *Top Mouton*. Les murs ont été recouverts de marbre Calacatta par l'équipe de *Van Den Weghe*.

Page de gauche

Dans cette cuisine contemporaine de l'architecte d'intérieur *Filip Van Bever*, de la pierre Basaltina a été utilisée pour le sol, les plans de travail et le revêtement mural. La Basaltina est une pierre de lave naturelle extraite dans la région de Rome.
Une réalisation de l'entreprise *Van Den Weghe* spécialisée dans la pierre naturelle.

Une cave à vin réalisée avec des briques et des sols en pierre naturelle de récupération. Un projet de *Costermans*.

LA PIERRE NATURELLE DANS LA SALLE DE BAINS

CI-CONTRE

Cette salle de bains avec un bloc lavabo impressionnant en marbre de Carrare, a été imaginée par *Buro I & II*.

Un lavabo massif en pierre bleue. Conception et exécution par le *Groupe Moris*.

PAGE DE GAUCHE

La douche de cette maison a été conçue par *Bert Quadvlieg* et recouverte de chaux Muschel par l'entreprise *Van Den Weghe*. Au sol, même pierre traitée à l'acide pour obtenir un pouvoir antidérapant.

PAGES SUIVANTES

Un projet de salle de bains par l'architecte *Vincent Van Duysen*.

Page de gauche et ci-dessus

Le bureau d'étude *AXV* d'*Axel Verhoustraeten* et *Jacques Van Haren* a restauré une superbe maison de maître en respectant l'authenticité et la valeur historique du bâtiment (voir également p. 88-97).

Pour les revêtements de sol et de murs, seule de la pierre de lave sous forme de grands panneaux (jusqu'à 180x200 cm) a été utilisée. Le revêtement de la baignoire et des lavabos a également été réalisé avec de la pierre de lave.

Lumière et espace dans cette salle de bains conçue par *Wood Marsh Architects*.

Une réalisation de l'entreprise *Vanderlinden-Holemans* en Blanc Bleuté des Alpes.

PAGE DE GAUCHE

Un projet des architectes américains *Smith-Miller + Hawkinson*.

PISCINES

Réaménagement de la piscine d'un château par le célèbre antiquaire *Axel Vervoordt*. Bords en pierre bleue.

Page de gauche
Piscine et douche réduites à l'essentiel. Un projet de *Nathalie Van Reeth*.

Pages suivantes
Cette piscine avec mur en pierre naturelle a été imaginée par l'architecte R. *Lark*.

Trois applications extérieures du *Groupe Moris*: sur la photo supérieure, une terrasse et une table en pierre bleue massive.
En-dessous, deux réalisations dans une même habitation à Malines : pavés de Balegem et pierre bleue ancienne.

LA PIERRE NATURELLE A L'EXTÉRIEUR

Cette habitation a été dessinée par l'architecte *C. Lipszyc*. La façade a été recouverte de pierre de Lens et de la pierre Saint-Nicolas par *Vanderlinden-Holemans*.

À l'arrière-plan, une maison de campagne restaurée par l'architecte *Rubbers*. La façade est recouverte en partie par des moellons de pierre belge locale.

Partie II

REALISATIONS INSPIRATRICES

LES MULTIPLES FACETTES
DE LA PIERRE DE LAVE BASALTINA

Depuis de nombreuses années, architectes, décorateurs et cuisinistes de renom actifs dans le haut de gamme reconnaissent en *Philippe Van Den Weghe* la personne de confiance pour l'exécution de réalisations exceptionnelles en pierre naturelle.

Son entreprise, créée en 1978 et qui compte aujourd'hui quelque 25 collaborateurs, s'est imposée en un quart de siècle comme l'un des spécialistes dans l'exécution d'ouvrages en marbre, granit et autres pierres naturelles exclusives.

Van Den Weghe associe une sensibilité extrême pour les nouvelles tendances dans l'architecture et la décoration à un solide savoir-faire et une véritable passion pour son travail. Il fut l'un des premiers à savoir mettre en évidence de magnifiques pierres naturelles comme le marbre Pietra Piasentina, la pierre de Buxy, la pierre de Corton et la pierre de lave.

Il joue sans compromis la carte de la qualité tant dans la pierre que dans l'exécution : les tailleurs et poseurs de pierre naturelle de *Van Den Weghe* sont les meilleurs du secteur.

Une sélection de sept réalisations récentes de *Van Den Weghe* fait office de fil conducteur au travers de ce livre.

PAGE DE GAUCHE, CI-DESSUS ET PAGES SUIVANTES

L'emploi judicieux de la pierre de lave Basaltina (au sol dans le hall, la cuisine et la piscine et comme revêtement mural et plan de travail dans la cuisine) produit un sentiment de continuité spatiale qui met en valeur le style dépouillé de *Filip Van Bever*.

Dans cette réalisation, *Van Den Weghe* dévoile l'intérieur d'une villa contemporaine dessinée par l'architecte d'intérieur *Filip Van Bever*. Dans la plupart des pièces de cette habitation, la pierre de lave Basaltina a été utilisée. Il s'agit d'une pierre de lave naturelle provenant de la région de Rome.
L'emploi judicieux de cette pierre naturelle crée un sentiment de calme, de sérénité et d'espace dans cette architecture extrêmement sobre.

PP. 48-49

Une passion pour la perfection dans le travail sur mesure.
Les pores de cette pierre naturelle italienne Basaltina ont d'abord été bouchés au moyen d'une colle à deux composants et la surface de la pierre a ensuite été adoucie.

La lave Basaltina a également été choisie pour cette salle de bains.

VAN DEN WEGHE NV/SA

Statiestraat 69
B – 9870 Zulte
TEL.: +32 (0)9 388 83 00
FAX: +32 (0)9 388 51 66
www.vandenweghe.be
info@vandenweghe.be

PAGE DE GAUCHE

La salle de bains des enfants a été réalisée en pierre blanche d'origine grecque, finition adoucie.

HOMMAGE À LA CHAUX MUSCHEL

Le bureau d'architecture *Claire Bataille et Paul ibens* est l'un des principaux ambassadeurs du minimalisme de notre pays et jouit d'une réputation bien au-delà de nos frontières.

Bataille & ibens crée depuis 1968 du mobilier et des lampes, mais conçoit aussi des immeubles de bureaux, magasins et réalise des aménagements complets caractérisés par une simplicité quasi sacrale.

Dans leurs intérieurs, la fonctionnalité rime avec l'espace, la lumière, le rythme, les proportions et les perspectives. Leur préférence va aux matériaux purs et traditionnels intégrés dans un contexte contemporain.

Ce reportage illustre le respect de *Bataille & ibens* pour la matière.
Dans une nouvelle construction située au cœur d'un vaste domaine (env. 4,5 ha), ils ont créé, en collaboration avec l'ingénieur *Ferre Verbaenen,* une oasis de paix et de sérénité.

La beauté brute de la chaux Muschel (utilisée tant pour le sol, les escaliers que dans la salle de bains) constitue le principal leitmotiv dans cette habitation et accentue la sobriété de l'architecture.

PAGE DE GAUCHE ET CI-DESSUS
Les sols ont été recouverts de chaux Muschel. Les murs ont été peints en blanc. Sur la photo à gauche : une porte en teck.

Pour le sol du coin-repas, un parquet en chêne blanchi a été choisi.

Le sol uniforme en chaux Muschel crée une forte sensation d'espace.

PAGE DE GAUCHE
Un escalier en chaux Muschel, réduit à sa plus simple expression, illustre la vision minimaliste de *Bataille & ibens*.

PAGES SUIVANTES
Dans la cuisine, le sol en chaux Muschel a été associé au bois d'érable et à l'inox.

CLAIRE BATAILLE & PAUL IBENS DESIGN SA

Vekestraat 13 boîte 14
B – 2000 Anvers
TEL.: +32 (0)3 213 86 20
FAX: +32 (0)3 213 86 39
www.bataille-ibens.be
info@bataille-ibens.be

PAGE DE GAUCHE ET CI-DESSUS

La salle de bains a été entièrement réalisée avec de la chaux Muschel.

PIERRE DE FRANCE, BUXY ET CHÊNE DANS UNE HABITATION CONTEMPORAINE

Dans ce reportage, nous devons reconnaître à l'architecte *Bernard De Clerck* aussi un rôle de précurseur dans le domaine de l'architecture contemporaine.

Cette habitation a été conçue par lui dans le style "loft" strict : toutes les pièces s'enfilent et forment un ensemble où ombre et lumière jouent un rôle important.

PAGE DE GAUCHE ET CI-DESSUS
Le sol est revêtu de grandes dalles en pierre de France couleur miel.

RÉALISATIONS INSPIRATRICES | 61

L'escalier de style minimaliste a également été réalisé en pierre de France : l'uniformité des matériaux crée une ambiance sereine et un sentiment d'espace dans cette maison contemporaine.

BERNARD DE CLERCK

Bureau d'architectes
Aarselestraat 18
B – 8700 Aarsele
TEL.: +32 (0)51 63 61 39
FAX: +32 (0)51 63 52 15
bernard.de.clerck@c3a.brenda.be

PAGE DE GAUCHE ET CI-CONTRE

La cuisine en chêne teinté est ornée d'une tablette en Buxy de couleur bronze qui s'harmonise avec le sol en pierre blanche.

RÉNOVATION COMPLÈTE
D'UNE MAISON DE VACANCES À KNOKKE

L'entreprise de décoration *'t Smedenhuys* à Bruges prend ses racines dans une entreprise familiale active depuis plus de trente ans dans le secteur du meuble et de la décoration.

Dans ce reportage, nous découvrons l'un des récents projets de la décoratrice *Caroline Derycke* : la rénovation complète d'un bungalow de vacances datant des années 1960 en une spacieuse maison familiale à Knokke.
Tous les sols et cheminées en pierre naturelle ont été trouvés chez *Van Den Bogaert* à Kalken.

Deux détails de ce sol de récupération. Les cabochons beiges présentent la même dureté que les dalles d'église noires et adoucissent l'aspect de l'ensemble. Au mur, un ancien panneau de porte marocain.

PAGE DE GAUCHE
Une palette harmonieuse de teintes chaudes : les murs foncés, peints avec des couleurs *Sherwin Williams*, une cheminée en pierre de Bourgogne jaune de *Van Den Bogaert*, recouverte d'anciennes tuiles de Boom, tissus d'ameublement d'*Arte* et de *Bruder*, un ancien sol en dalles d'église avec cabochons en marbre de teinte beige, etc.

Le plan de travail a été réalisé en pierre de marbre non traitée à l'état brut qui a uniquement été imprégnée d'huile afin de faciliter l'entretien.

Caroline Derycke a dessiné elle-même les plans de cette habitation.

PAGE DE GAUCHE ET CI-CONTRE
Les deux douches ont été recouvertes de pierre de France récupérée de chez *Van Den Bogaert*: à gauche un ancien marbre jaune beige, à droite un marbre noir français avec une superbe patine.

Architecture d'intérieur :

'T SMEDENHUYS

Caroline Derycke
Smedenstraat 42
B – 8000 Bruges
TEL.: +32 (0)50 33 00 56
FAX: +32 (0)50 33 88 61
MOB.: +32 (0)476 22 82 69
www.smedenhuys.be
info@smedenhuys.be

Pierre naturelle :

VAN DEN BOGAERT LEON SA

Nerenweg 1
B – 9270 Kalken (Laarne)
TEL.: +32 (0)9 367 52 01
FAX: +32 (0)9 367 99 90

HARMONIE DU BOIS ET DE LA PIERRE NATURELLE

L'architecte d'intérieur *Nathalie Van Reeth* a combiné deux matériaux naturels raffinés de manière pure et très subtile : la pierre française de Buxy et le bois de noyer.

De la pierre de Buxy en finition adoucie a été placée tant dans la cuisine (plan de travail, sol et table), que dans le hall (sol) et dans les toilettes, et associée à chaque fois à un élément de menuiserie en bois de noyer exclusif.

NATHALIE VAN REETH

Architecte d'intérieur
Prins Boudewijnlaan 152
B - 2650 Edegem
TEL.: +32 (0)3 443 70 20
FAX: +32 (0)3 443 70 25
nathalie.vanreeth@tiscali.be

PAGE DE GAUCHE ET CI-DESSUS

Dans le hall et dans les toilettes, *Nathalie Van Reeth* a également associé du bois de noyer et de la pierre de Buxy pour créer un ensemble raffiné.

ASSOCIATION SUBTILE DE BUXY GRIS ET DE MASSANGIS CLAIR DANS UNE HABITATION MODERNE

L'architecte d'intérieur *Marc Stellamans* a été sollicité pour l'aménagement d'une nouvelle construction dans un lotissement récent.

Il part d'une palette de couleur sobre : sols en Buxy gris adouci, meubles et armoires en chêne teinté, fauteuils garnis dans des tons foncés, escalier en chêne naturel, etc.

L'étage baigne dans des teintes blanches et écrues. La salle de bains est entièrement recouverte de Massangis clair massif : un grès de France d'aspect très chaleureux, ici intégré de manière très pure dans une conception minimaliste.

Page de gauche et ci-dessus
Sol en Buxy gris adouci. La table et les chaises en chêne massif teinté sombre sont des créations de *Marc Stellamans*. Eclairage de *Wever & Ducré*. A l'arrière-plan : le canapé "Charles" de *B&B Italia*.

Pages suivantes
Pour la cuisine, la pierre naturelle Buxy gris finition adoucie a également été choisie pour le plan de travail, le revêtement mural et même les éviers.

STELLAMANS SPRL

Pieterbaesstraat 5
B - 8870 Izegem
TEL.: +32 (0)51 30 71 72
FAX: +32 (0)51 31 50 79

PAGE DE GAUCHE ET CI-DESSUS

Une atmosphère sereine, quasi monacale, dans cette salle de bains réalisée en pierre blanche massive de France Massangis clair.

UN CHEF-D'ŒUVRE EN PIERRE NATURELLE

Le célèbre architecte d'intérieur *Lionel Jadot* est l'esprit créatif qui se cache derrière le projet exubérant présenté dans ce reportage : l'aménagement d'une confortable demeure de campagne à la périphérie bruxelloise.

Tous les registres ont été tirés afin de donner à cette habitation un cachet unique : mosaïque de différentes sortes de pierre naturelle exclusives dans le hall, un plan de cuisine massif en marbre de Calacatta (10 cm d'épaisseur), une pierre naturelle turque rare dans la salle de bains et une association surprenante de pierre de lave et de marbre de Carrare dans et autour de la piscine.

Dans le hall, le "patchwork" de pierres naturelles de différentes sortes se compose de pierre portugaise Azul Fatima bouchardée et ensuite vieillie et d'un ensemble spectaculaire d'incrustations de marbre blanc et gris d'Italie et de Rouge Royal belge.

PAGE DE GAUCHE

Un bloc monolithique de marbre Calacatta adouci sert de plan de travail sur l'îlot de cuisson. La paroi en schiste sert à dresser la liste des courses. Sols en béton coulé.

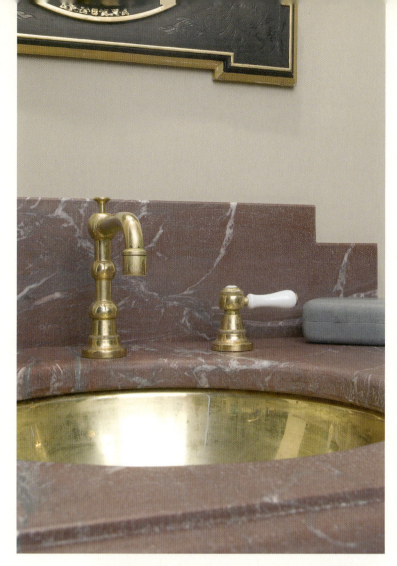

PP. 82-83

La somptueuse salle de bains a été imaginée par l'architecte d'intérieur *Lionel Jadot*. Le bain est recouvert de "Sangre de Paloma", un marbre turc qui a été vieilli.

L'équipe de *Philippe Van Den Weghe* a assuré la parfaite exécution et la pose des différents éléments en pierre naturelle : un véritable chef-d'oeuvre.

VAN DEN WEGHE SA

Statiestraat 69
B – 9870 Zulte
TEL.: +32 (0)9 388 83 00
FAX: +32 (0)9 388 51 66
www.vandenweghe.be
info@vandenweghe.be

PAGE DE GAUCHE

La toilette également se montre excentrique : une combinaison de pierre Azul Fatima bouchardée et de marbre de Carrare blanc adouci.

PP. 85-87
Un jeu de lignes particulier en pierre de lave Basaltina et marbre de Carrare bouchardé dans et autour de la piscine.

RESTAURATION CONTEMPORAINE D'UN *HÔTEL DE MAÎTRE* CLASSIQUE

Le bureau d'architecture intérieure *AXV*, dirigé par *Axel Verhoustraeten* et *Jacques Van Haren*, s'est vu confier la restauration d'un authentique *hôtel de maître* en vue de le transformer en une habitation de 600 m² dotée d'une double fonction : d'une part, organiser des réceptions et, d'autre part, offrir au propriétaire célibataire suffisamment d'espace à son bien-être personnel.

Le résultat est très réussi : un ensemble contemporain de conception très pure a été créé en tenant compte de tous les desiderata du propriétaire mais en gardant intact le caractère historique de cette maison de maître de 1910.

PAGE DE GAUCHE ET CI-DESSUS

Cette maison de maître a été construite en 1910 par l'architecte *Dewin*. Les sols en marbre d'origine ont pu être conservés.
Le portrait de Mao dans le hall d'entrée est de *Yang Pei Ming* et a été trouvé dans la galerie *Rodolphe Janssen*.

RÉALISATIONS INSPIRATRICES | 89

PAGE DE GAUCHE ET CI-DESSUS

La restauration du bâtiment s'est déroulée de manière extrêmement minutieuse : les éléments originaux (marbres, menuiserie, éclairage, éléments en fer forgé) ont été conservés et intégrés dans un concept actuel pour lequel le bureau d'étude *AXV* s'est surtout concentré sur la circulation entre les espaces.

Le jardin a été entièrement redessiné afin d'accentuer les ouvertures créées (dans la cuisine et dans la salle à manger voisine) destinées à accéder au jardin.

Page de gauche

Chaises de *Josef Hoffmann* autour d'une table de *Jacques-Emile Ruhlmann*.

AXV

Bureau d'étude

Axel Verhoustraeten & Jacques Van Haren

9 Aenue du Vert Chasseur

B– 1180 Bruxelles

TEL.: +32 (0)2 511 54 43

FAX: +32 (0)2 511 53 88

32 rue Guynemer

FR – 75006 Paris

TEL./FAX: +33 (0)1 45 44 33 42

info@axv.be

PP. 94-97

Tant dans la cuisine que dans la salle de bains, la même pierre de lave a été placée sous forme de grands panneaux (jusqu'à 180x200 cm).

AMÉNAGEMENT SOBRE EN AZUL VALVERDE

La décoratrice d'intérieur *Sophie Campion* a été appelée pour l'extension et l'aménagement, dans un style très sobre, d'une maison existante située au centre d'Uccle (Bruxelles).
Elle a fait appel aux architectes *Samuel Levi* et *Philippe Honhon* pour les plans en vue de créer un espace supplémentaire où ont été installées la cuisine et la terrasse. De ces deux pièces, l'on jouit d'une vue sur le parc de la ville.

Sophie Campion a utilisé une palette de couleur particulièrement sobre ainsi qu'une sélection restreinte de matériaux de qualité supérieure : Azul Valverde pour la pierre naturelle et chêne blanchi pour le parquet et le meuble de salle de bains.

Page de gauche et ci-dessus
L'îlot de cuisine et le mur sont recouverts de pierre Azul Valverde, finition polie. Le parquet en chêne a été blanchi.

Pages suivantes
La pierre Azul Valverde a également été utilisée pour le revêtement de baignoire et de lavabo, mais ici en finition adoucie. Sol en chêne blanchi et appliques murales de *Stéphane Davidts*.

La douche a également été revêtue de pierre Azul Valverde.

SOPHIE CAMPION

    MOB.: +32 (0)475 44 93 47

    sophie.campion@skynet.be

PAGE DE GAUCHE

Un évier massif en Azul Valverde. Robinetterie de *Ritmonio*.

PARTIE III

PIERRE NATURELLE: LE POINT DE VUE DES SPECIALISTES

ETONNANTE CONFRONTATION DE CUIVRE ET DE PIERRE NATURELLE

L'architecte *Wim Goes* a imaginé une cuisine plutôt singulière en cuivre, dont la réalisation a été confiée à *Top Mouton*.

Tous les ouvrages en pierre naturelle ont été confiés à l'entreprise *Van Den Weghe* de Flandre orientale, spécialisée dans la pierre naturelle.

L'association peu commune du cuivre et de la pierre naturelle a été tentée.
Les photos qui illustrent ce reportage montrent cependant de manière convaincante de quelle manière des matériaux extrêmement différents peuvent être harmonieusement intégrés dans un projet de caractère.

PAGE DE GAUCHE, CI-DESSUS ET PAGES SUIVANTES

Dans cette cuisine, créée par *Wim Goes* et réalisée par *Top Mouton*, sont associés de manière fascinante du cuivre, de la pierre bleue (sol et plan de travail) et du marbre de Carrare (revêtements muraux).

PAGE DE GAUCHE ET CI-DESSUS

La salle de bains, de conception sobre, a été exécutée par *Van Den Weghe* en marbre de Calacatta légèrement gris.

VAN DEN WEGHE SA

Statiestraat 69
B – 9870 Zulte
TEL.: +32 (0)9 388 83 00
FAX: +32 (0)9 388 51 66
www.vandenweghe.be
info@vandenweghe.be

PIERRE NATURELLE ESPAGNOLE DANS UNE SALLE DE BAINS EXCLUSIVE

Le bureau anversois d'architecture et d'aménagement intérieur *Themenos* a dessiné une salle de bains exceptionnelle dans une magnifique maison de campagne située dans la banlieue verte d'Anvers. Le choix s'est porté dans ce projet pour la chaleur de deux sortes de marbre espagnol : Emperador Dark et Crema Marfil.

Le marbre Emperador richement veiné s'harmonise parfaitement avec les teintes écrues subtiles du Crema Marfil, dont se composent les incrustations. Ces deux marbres sont de finition polie.

L'entreprise *Van Den Weghe* spécialisée dans la pierre naturelle s'est chargée de l'exécution de ce travail sur mesure d'une complexité rare.

PAGE DE GAUCHE ET CI-DESSUS

Dans cette salle de bains imaginée par *Themenos*, deux marbres espagnols ont été associés : Emperador Dark avec incrustations (lisérés et cabochons) en Crema Marfil.

Le lavabo taillé dans du marbre Emperador massif.

Le plan de travail et tours d'évier dans la cuisine de cette demeure de campagne sont en pierre bleue belge dont la face visible présente une finition "taille ancienne" (à la main).

VAN DEN WEGHE NV/SA

Statiestraat 69
B – 9870 Zulte
TEL.: +32 (0)9 388 83 00
FAX: +32 (0)9 388 51 66
www.vandenweghe.be
info@vandenweghe.be

PAGE DE GAUCHE

Travail sur mesure d'une complexité rare en Emperador et Crema Marfil, réalisé par *Van Den Weghe*.

WESTVLAAMS TEGELHUIS: DONNE LE TON DANS LE DOMAINE DE LA PIERRE NATURELLE

Au cours des dernières années, l'entreprise *Westvlaams Tegelhuis* (WVT) s'est hissée au sommet du secteur de la pierre naturelle en Flandre et se profile sur le marché de la finition durable de l'habitation : des revêtements de sols et murs en céramique aux sols et ouvrages sur mesure en pierre naturelle. Dans ce large assortiment, le client trouve toujours le produit qu'il recherche, avec la garantie que seuls des matériaux de qualité irréprochable seront utilisés.

Westvlaams Tegelhuis peut se prévaloir d'une longue expérience dans l'achat de pierre naturelle. On y trouve les meilleures variétés de pierre de France et des carrelages du monde entier.

Westvlaams Tegelhuis produit également des cheminées taillées à la main : dans son propre atelier de taille de pierre, les plus beaux motifs sont réalisés dans des blocs massifs de pierre de Bourgogne, à partir d' ouvrages anciens.

La plupart des variétés de pierre naturelle se prêtent aussi au travail sur mesure : escaliers, revêtements de cheminées, etc. peuvent également être réalisés dans l'atelier de l'entreprise WVT. Outre le sciage de tranches, des blocs peuvent aussi être sciés, d'anciennes dalles de Bourgogne meulées et d'autres panneaux épais (jusqu'à 82 cm) réalisés.

Ce travail sur mesure peut également se faire entièrement à la main : des escaliers, tablettes de fenêtres, plans de travail pour cuisine, tablettes de lavabo, taillés à la main, donnent un cachet particulier à chaque maison.

PAGE DE GAUCHE ET CI-DESSUS

Le hall d'entrée avec un sol en Manoir beige (format 80x80 cm) de finition écurée. La frise a été réalisée avec des pavés de petit granit (15/15), complétés d'une diagonale en damier (format 10x10 cm).

PP. 118-119

Les grandes dalles en Manoir beige confèrent espace, calme et sérénité à cet intérieur contemporain.

Pavés en petit granit (format 20x20 cm), finition tambourée.

Sol en Manoir beige.

PAGE DE GAUCHE
Manoir beige (format 80x80 cm).

Le sol est délimité par des pavés en petit granit tambouré (15x15 cm) complétés d'une diagonale en pavés St. Marc (également en finition tambourée, format 15x15 cm).

Enfin, on peut également s'adresser à l'entreprise *WVT* pour des revêtements de sol extérieurs : dans ce domaine également, les produits proposés répondent aux normes de qualité les plus strictes et on peut compter sur des conseils avisés de professionnels dans le choix des variétés de pierre et les types de finition.

Un récent projet de *Westvlaams Tegelhuis* est présenté dans ce reportage : une demeure de campagne monumentale, où la pierre naturelle tient le rôle principal.
Tous les sols et autres ouvrages en pierre naturelle de cette maison ont été réalisés en étroite collaboration entre le client et l'entreprise *WVT*.

WESTVLAAMS TEGELHUIS
Armoedestraat 15
B – 8800 Rumbeke (Roeselare)
TEL.: +32 (0)51 263 263
FAX: +32 (0)51 263 273
www.westvlaamstegelhuis.be
info@westvlaamstegelhuis.be
Heures d'ouverture de la salle d'exposition :
Tous les jours ouvrables de 9 à 12h et de 13h30 à 18h
(fermé le mardi matin)
Samedi de 9 à 12h

PAGE DE GAUCHE ET CI-DESSUS
Comme la plupart des revêtements de sol de cette maison, la piscine a été revêtue de Manoir beige légèrement vieilli en format 50x50 cm.
Le mur est composé de tranches de Manoir beige vieilli (format 15/20/25) et d'une frise en pierre naturelle. La piscine est délimitée par un Manoir beige légèrement vieilli d'une épaisseur de 5 cm. et spécialement arrondi à 180° : un travail sur mesure réalisé par *Westvlaams Tegelhuis*.

STONE WEST: UN ÉVENTAIL COMPLET POUR LES PROFESSIONNELS DE LA PIERRE NATURELLE

Stone West est connu depuis des années comme commerce de gros spécialisé dans la pierre naturelle. Fournisseur du commerce de détail spécialisé, des tailleurs et poseurs de pierre, l'entreprise offre un large éventail de carrelages et tranches en pierres naturelles de tous types : marbre, grès, basalte, schiste, pierre calcaire, granit et quartzite.

Au fil des années, *Stone West* s'est développé pour pouvoir offrir un éventail complet de pierres naturelles au marché professionnel : carrelages pour intérieur et extérieur, tranches et applications pour le jardin (galets, blocs, gravier et ornements de jardin).

Entouré d'une équipe de collaborateurs passionnés, *Stone West* s'efforce de conseiller au mieux ses clients professionnels et de les guider dans le choix et l'application de la pierre naturelle. À cet égard, l'entreprise a investi dans un large stock, un nouveau magasin de tranches et un showroom dont la rénovation remonte à la fin 2003 et où les clients peuvent obtenir des conseils avisés ou découvrir des modèles d'inspiration.

Page de gauche et ci-dessus
Une ferme carrée authentique a été entièrement rénovée par le constructeur de villas et bureau d'ingénieurs *Avet* de Tiegem.
Sol en Andhra Black de *Stone West* avec cabochons en Rouge Royal.

Pages suivantes
Le sol de la piscine intérieure est revêtu de carrelages *Ortis Anticum* (15x15 cm).

Page de gauche et ci-dessus

Dans cette maison de campagne de construction neuve, dessinée par l'architecte *Boulez* de Deinze, le choix s'est porté sur des carrelages Amber Mixed de *Stone West* en format 28x28 cm pour le coin repas et la cuisine. Tous les carrelages présentent une finition écurée.

Dans le hall d'entrée, ont également été placés au sol des carrelages Amber Mixed dans un format plus petit (15x15 cm). L'escalier a été réalisé en pierre naturelle Amber (finition écurée).

Dans cette habitation rénovée, des carrelages de *Stone West* ont été choisis pour la cuisine et le coin repas (carrelages Cristallin Fine Doré 50x50 cm, finition adoucie) ainsi que pour la salle de bains (également Cristallin Fine Doré).

Sol en Palladio foncé flammé et escalier avec des marches en pierre massive.

Ci-contre et en bas à gauche

Dans ce projet *Stone West* a livré les sols en Saint Marc Dallo Decor (45x45 cm). Pour le hall, ces carrelages ont été associés à des cabochons en Massangis Roche Jaune.

Petits carrelages Bengal yellow et Bengal brown (format 15x15 cm) et escalier en Saint Marc, également livré par *Stone West*.

Terrasse en Palladio light flammé (dalles 50x50 cm) et Palladio Dark antico (15x15 cm).

Dans ce reportage, nous découvrons quelques réalisations récentes de clients professionnels de *Stone West*.

STONE WEST SA

Grote Steenweg 13
B – 9870 Zulte (Olsene)
TEL.: +32 (0)9 388 91 11
FAX: +32 (0)8 388 91 13
www.stonewest.be
info@stonewest.be
Showroom :
Du lundi au jeudi 8-12h & 13-17h30
Le vendredi 8-12h & 13-16h
Le samedi 9-12h

PP. 132-134

Les sols de cette habitation ont été rénovés de manière sobre avec des dalles Saint Baudille (50x50 cm) de *Stone West*, de finition adoucie.

Travail sur mesure de *Stone West* en Palladio light flammé.

CARRIÈRES DU HAINAUT: LA PIERRE BLEUE DU HAINAUT® PLUS ACTUELLE QUE JAMAIS

La "*Pierre Bleue du Hainaut*" est la marque déposée depuis 1986 de la pierre bleue extraite à Soignies par la s.a. *Carrières du Hainaut*.

La pierre bleue est extraite du banc de pierre qui traverse toute la Belgique d'Ouest en Est depuis la région de Soignies, siège principal de la production jusqu'à la Vallée de l'Ourthe. Les *Carrières du Hainaut* ne sont pas seules à produire la pierre bleue dans la région, mais, depuis quelques dizaines d'années déjà, elles en sont devenues le plus important producteur.

Depuis de nombreuses décennies, la pierre bleue a été utilisée comme le matériau noble par excellence dans quasiment toutes les grandes réalisations du patrimoine architectural belge.

De nos jours, on trouve également la pierre bleue dans les plus belles réalisations de revêtement de façade et de dallages extérieurs et intérieurs, des plans de travail de cuisine, etc.

Le succès de la pierre bleue à travers le vingtième siècle ne se limite d'ailleurs pas à la Belgique, son pays d'origine. Les architectes les plus renommés au monde ont été séduits par ses qualités.

L'estime dont jouit la pierre bleue à travers le monde peut être expliqué par ses qualités intrinsèques.

PAGE DE GAUCHE ET CI-DESSUS

Dans ce projet de l'architecte d'intérieur *Frank Sinnaeve*, la *Pierre Bleue du Hainaut*® de finition adoucie bleu foncé a été utilisée.

CI-DESSUS
Une réalisation de l'architecte d'intérieur *M. De Prins* en flammé bleu. La tablette de lavabo est en finition écurée bleu.

La Pierre Bleue du Hainaut, par son faible degré de porosité, n'absorbe en rien l'humidité et résiste donc parfaitement au gel.

En outre, son usage se justifie par sa densité, sa très haute résistance à l'usure et à l'écrasement, ainsi que par son inaltérabilité. La parfaite sédimentation de la pierre bleue du Hainaut lui a conféré une compacité et une homogénéité inégalées parmi les pierres calcaires.

Les différents aspects obtenus par les tailles et finitions justifient l'utilisation de la pierre bleue tant en usage intérieur qu'extérieur et ce, dans tous les types de constructions.

La Pierre Bleue du Hainaut® se combine également très bien avec d'autres matériaux. Un projet des architectes *Verdickt & Verdickt* en pierre bleue de finition adoucie bleu.

Une réalisation de l'architecte. *J. Cottreel*. Sol et tablette en flammé bleu. Une partie du plan de travail est en finition écurée bleu.

CARRIERES DU HAINAUT SA

Rue de Cognebeau 245
B – 7060 Soignies
TEL.: +32 (0)67 34 78 00
FAX: +32 (0)67 33 00 59
www.carrieresduhainaut.com

LA PIERRE BLEUE BELGE: ENTRE TRADITION ET MODERNITÉ

Les Carrières de la Pierre Bleue Belge s.a., constituée en septembre 2003, née du changement de nom de la s.a. *Clypot* et reprenant les activités industrielles de la s.a. *Carrières Gauthier-Wincqz*, contrôle deux des trois plus importantes carrières de Pierre Bleue - Petit Granit et ce tant sur le plan de la quantité, de la qualité que celui de la variété des finitions proposées.

Plus d'une centaine de travailleurs sont chargés aux carrières *Gauthier-Wincqz* à Soignies de l'extraction, du sciage et du façonnage de la Pierre Bleue-Petit Granit.

140 personnes sont occupées aux carrières du *Clypot* et produisent, sur une superficie de 80 hectares, 35 600 m² de blocs équarris par an.

En février 2004, le feu vert a été donné pour l'ouverture d'une nouvelle carrière de pierre bleue de 167 ha au lieu-dit Tellier des Prés.

Entre tradition et modernité, esthétique et fonctionnalité, la *Pierre Bleue Belge* offre une vaste palette d'applications intérieures et extérieures. Prête à se plier à toutes les mesures, déclinée sur tous les tons de bleus, gris et noirs, voilà un matériau qui suit et ouvre l'imagination.

Une cuisine réalisée par *AB Carrelages*. Finition adouci foncé.

PAGE DE GAUCHE
Les nouveaux bureaux du siège administratif de la *Pierre Bleue Belge*, finition adouci foncé. Réalisation arch. *Etienne Binard*.

Un escalier en *Pierre Bleue Belge*, finition adouci clair.

Ce pont en bois et pierre bleue "Agripa" a été réalisé par *Idée O*.

Une fontaine au Twin Square en finition croûte de pierre bleue. Architecte: *Jean Dologne*.

Une balustrade au parc d'Enghien. Architecte: *Jean-Louis Van den Eynde*.

Si les *Carrières de la Pierre Bleue Belge* donnent le ton, ce n'est pas pour rien. Son service Recherche et Développement hume l'air du temps, écoute les besoins du client et crée les tendances.

Après le succès des finitions uniques que sont Agripa, Abbaye, Vieux Soignies, Natura et Dalle Vieillie, il est désormais possible d'acheter des dalles d'1 cm d'épaisseur. Il s'agit de la gamme "Affinité" disponible en 30 x 30 cm, en 40 x 40 cm et en cinq finitions.

Une toute nouvelle finition "Conception" vient d'être nouvellement créée. Cette finition s'adaptera à toutes vos créations d'intérieur: plan de travail de cuisine, table, éléments décoratifs,... Ses nombreuses applications et sa facilité d'entretien ont tout pour séduire.

Toutes ces spécialités uniques n'éliminent pas pour autant le pan traditionnel de la *Pierre Bleue Belge* avec 12 finitions classiques dont on ne se lasse pas.

Dure et durable, la *Pierre Bleue Belge* est d'une étonnante souplesse qui lui donne sa place dans presque tous les projets intérieurs. Avec sa vaste gamme d'aspects, de finitions, de tonalités, elle ouvre la voie aux réalisations les plus inattendues, aux mariages de matériaux les plus heureux. Avec sa facilité à être taillée à la mesure de vos rêves et de vos souhaits, elle vous permet de créer votre univers personnel.

PIERRE BLEUE BELGE

Les Carrières de la Pierre Bleue Belge sa
1, Chemin des Carrières
B – 7063 Neufvilles
TEL.: +32 (0)67 34 68 00
FAX: +32 (0)67 34 68 01
www.pierrebleuebelge.be
info@pierrebleuebelge.be

HULLEBUSCH: UN FAISEUR DE TENDANCE AVIDE D'EXPANSION

Au cours des vingt dernières années, *Hullebusch* s'est profilé comme l'un des leaders dans la production et la distribution de pierre naturelle.
Johan Hullebusch et son équipe de collaborateurs compétents ont hissé l'entreprise familiale au rang de spécialiste de la pierre naturelle vieillie ("style romano" – "veccario" – "soignies style" : des catégories propres de vieillissement), de la pierre calcaire tunisienne exclusive, de la pierre bleue belge et de la pierre blanche de France.

Depuis les années 1990, *Hullebusch* a également développé ses activités au-delà des frontières et possède des implantations à l'étranger. L'entreprise exporte vers tous les pays d'Europe, les États-Unis et le Moyen-Orient.
L'architecture minimaliste, la culture "less is more", classique, le style "cure",… chaque tendance est suivie de manière très rigoureuse par une équipe capable d'associer harmonieusement tout type de pierre naturelle avec le style de l'habitation.
Hullebusch collabore avec des architectes et décorateurs connus ; les particuliers peuvent trouver des idées dans le vaste showroom de l'entreprise d'Ardooie spécialisée dans la pierre naturelle.

PAGE DE GAUCHE ET CI-DESSUS
Dans cet appartement d'architecture minimaliste, créé par l'architecte *Arn Meys* de Maastricht, la pierre blanche Saint-Vallier version adoucie a été choisie. L'utilisation judicieuse d'une seule sorte de pierre naturelle dans le salon, la salle à manger et la salle de bains produit un effet reposant et une forte sensation d'espace.

PAGE DE GAUCHE ET CI-DESSUS
Des dalles de Beaumanière clair adoucies (50x50 cm) ornent le sol de cette villa contemporaine créée par l'architecte *Chris Vantornout*.

Le sol a été recouvert de carrelages Foncé en petit appareil romain, légèrement biseautés.

PIERRE NATURELLE : LE POINT DE VUE DES SPÉCIALISTES | 147

Dans cette habitation construite sur le modèle de la "cure", conçue par l'architecte *Georges Dejonghe*, c'est la pierre bleue en "Style Romano" qui a été choisie pour la salle à manger. Dans la salle de bains, l'on trouve de la pierre Tandour travaillée dans le style "soignies".

PAGE DE GAUCHE

Carrelages Dorsaf en style "soignies" pour cette salle de bains dans une habitation imaginée par l'architecte *Geert Vanderbruggen*.

Dans cette cuisine campagnarde avec cuisinière *Nobel*, c'est une pierre bleue de finition "cottage" qui a eu la préférence.

Gris Foussana est une pierre naturelle tunisienne, présentée ici en finition adoucie.

HULLEBUSCH SA

Brugsebaan 4a
B– 8850 Ardooie
TEL.: +32 (0) 51 46 78 67
FAX : +32 (0) 51 46 78 71
www.hullebusch.be
info@hullebusch.be

La pierre Casablanca beige qui provient également de Tunisie est importée exclusivement par *Hullebusch*.

UNE PRÉFÉRENCE POUR LES MATÉRIAUX AUTHENTIQUES ÉRODÉS PAR LE TEMPS

Une habitation construite dans les années 1990, située dans la banlieue verte d'Anvers, a été initialement aménagée comme un loft : un seul grand espace.

Récemment, cette habitation a été entièrement transformée par le *Groupe Moris* dans le style typique auquel on l'associe la plupart du temps : dans le respect de notre riche passé architectural et en utilisant des matériaux authentiques érodés par le temps, sobrement intégrés dans un ensemble actuel et intemporel.

Page de gauche et ci-dessus

D'anciennes dalles de pierre bleue ont été posées au sol. Le plafond en chêne de récupération et la porte en fer forgé ont également été livrés par le *Groupe Moris*. Un escalier en chêne vieilli avec une marche massive en pierre bleue de récupération.

Un sol en dalles de pierre bleue récupérées.

GROUPE MORIS
Rameyenstraat 10
B - 2590 Berlaar - Gestel
TEL.: +32 (0)3 482 43 74
FAX: +32 (0)3 482 43 74
www.groepmoris.com

PAGE DE GAUCHE

Le plan de travail dans la cuisine est en marbre de Carrare écuré mat.

La cuisinière équipée d'un four, d'un four à micro-ondes et de plaques céramiques, a été créée par le *Groupe Moris*.

D'anciens pavés en terre-cuite de Boom (16x16 cm) du XIXe siècle ont été placés au sol.

Partie IV

PIERRE NATURELLE ET SAVOIR-FAIRE

DE LA DEMEURE DE CAMPAGNE À L'ARCHITECTURE HYPERMODERNE : LE TRAVAIL SUR MESURE DE VAN DEN WEGHE

Dans les parties II et III de cet ouvrage (*), quatre réalisations remarquables de l'entreprise *Van Den Weghe* spécialisée dans la pierre naturelle ont été présentées.

Dans ce reportage, trois autres projets exceptionnels de réalisation récente mettent en évidence la solide réputation que l'entreprise *Van Den Weghe* s'est forgée dans le segment haut de gamme.

La grande variété des styles d'architecture et intérieurs présentés ici (de la ferme carrée historique au somptueux château) prouve combien *Philippe Van Den Weghe* se sent particulièrement à l'aise tant dans l'architecture classique que dans les aménagements hyper modernes.

Toutes ses réalisations se caractérisent toutefois par un seul leitmotiv : une égale passion pour la perfection dans le travail sur mesure que l'on ne trouve nulle part ailleurs, cumulée à une expérience de longue date et une parfaite connaissance des différents types de pierres naturelles exclusives et leurs possibilités créatives.

La table a été fabriquée à partir de granit Marlin adouci avec incrustations en marbre Lasa.

PAGE DE GAUCHE ET CI-DESSUS

Un château entièrement réaménagé par *Martine Cammaert* (*C&C Designburo*) dans des teintes noires et blanches.

Le marbre blanc italien Lasa a été associé ici par l'entreprise *Van Den Weghe* à du marbre gris Pietra Serena et du marbre belge Noir de Mazy.

(*) Reportages p. 44-51, 80-87, 106-111 et 112-115.

Harmonie de marbre de Carrare massif et de bois pour ce meuble de lavabo.

Détail d'un sol en *Giallo Reale* vieilli.

L'intérieur du bar a été réalisé en granit Jasberg adouci.

Van Den Weghe a placé de grandes tranches de granit Jasberg en guise de paroi devant le bar. La colonne et le panneau ont été réalisés en bois et pierre bleue belge.

La table a été fabriquée en Brèche Nouvelle avec incrustation en Crema Marfil, tous deux de finition adoucie.
Le sol en Giallo Reale a été vieilli ; cabochons et frises en zelliges.

PAGE DE GAUCHE, CI-DESSUS ET PAGES SUIVANTES

Une ferme carrée séculaire en Wallonie a été minutieusement restaurée et décorée par les architectes d'intérieur *Virginie* et *Odile Dejaegere* du bureau d'architecture courtraisien *Dejaegere*.

Van Den Weghe a réalisé les travaux de pierre naturelle pour la cuisine. Le choix s'est porté sur une pierre bleue vieillie avec une magnifique patine, de telle sorte que la nouvelle cuisine n'enlève rien au caractère historique et authentique de la ferme. Le petit granit belge a été choisi tant pour les éviers massifs que pour les carrelages muraux vieillis.

Page de gauche, ci-dessus et pages suivantes

Cette salle de bains dans une villa située à la campagne a été dessinée par *Bert Quadvlieg*. La richesse de couleur du marbre français Sarancolin (utilisé pour le revêtement de lavabo et de bain et pour les cabochons au sol) contraste avec la sobre chaux Muschel d'Allemagne.

Une démonstration du savoir-faire de l'entreprise *Van Den Weghe* : des éléments massifs concaves et convexes ont été intégrés dans un ensemble unique.

Pierre naturelle et savoir-faire | 167

La douche a été recouverte de marbre français Sarancolin.

VAN DEN WEGHE SA

Statiestraat 69
B – 9870 Zulte
TEL. : +32 (0) 9 388 83 00
FAX : +32 (0) 9 388 51 66
www.vandenweghe.be
info@vandenweghe.be

PAGE DE GAUCHE

Un mélange subtil de teintes vertes : Vert Campan de France, Vert Radjasthan d'Inde et un évier en Dolomit Grün d'Allemagne.

ATELIER BRUNO NOËL: MAÎTRISE ARTISANALE

Le sculpteur gantois *Bruno Noël* ouvre en 1989 un atelier artisanal de taille de pierre naturelle, qui en quinze années parvient à se doter d'une équipe d'hommes de métier expérimentés et passionnés. L'atelier *Bruno Noël* crée ses propres projets, mais livre également des éléments sur mesure pour cuisines et salles de bains : éviers et lavabos massifs, plans de cuisine, revêtements de bain et douche, etc. *Bruno Noël* réalise également de magnifiques cheminées taillées à la main en pierre blanche de France.

La pierre bleue belge, le grès blanc (Massangis, Savonnières, etc.) et le marbre sont travaillés de manière artisanale et manuelle dans l'atelier de Bruno Noël et sont intégrés dans des projets intemporels et contemporains. L'atelier se charge également de la pose.

Un récent "tour de force" de *Bruno Noël* : un escalier complet coulé en béton a été recouvert de marches en petit granit sciées séparément, écurées et patinées. En taillant la pierre bleue à la main, l'escalier semble avoir toujours existé...

PAGE DE GAUCHE
Une cheminée de conception sobre en pierre bleue vieillie, écurée pour garder l'effet mat : de cette manière, la nouvelle cheminée s'harmonise avec l'ancien sol.

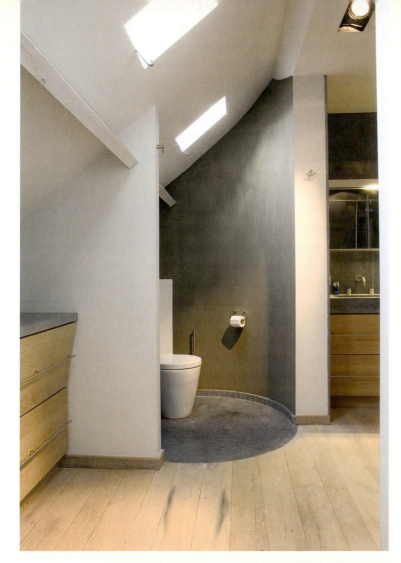

PP. 174-175

Dans la salle de bains, bois et pierre bleue belge ont été associés harmonieusement.

Les sols de la douche sont en pierre massive (8 cm d'épaisseur). Les cercles ont été bouchardés comme dispositif antidérapant. Les lavabos ont été biseautés pour l'écoulement de l'eau.

Un évier massif en pierre bleue.

Détail du sol de la douche et banquette en pierre bleue.

Cet évier a été taillé en pierre Massangis Jaune Clair.

PAGE DE GAUCHE

L'intérieur d'une ferme-château à Schilde a été imaginé par le bureau d'architecture néerlandais *Pentarch* (photos p. 176 et 177). Le style sobre de la ferme se prolonge à l'intérieur.

Les éviers ont été réalisés et patinés par *Bruno Noël* en Massangis Jaune Clair. Les vasques sont en pierre massive et le support en chêne a également été réalisé par *Noël*. Robinetterie de *Starck*.

Bruno Noël utilise la pierre blanche St-Maximin de France pour ses cheminées, car ce type de pierre est très facile à travailler et à patiner. L'intérieur de la cheminée est constitué d'un cimentage hydrofuge. La pose et la finition de chaque cheminée sont réalisées par l'atelier de Bruno Noël.

Un encadrement de porte en pierre bleue : bouchardé et taillé à la main.

La taille manuelle confère à ce nouvel évier en pierre bleue belge l'aspect d'un ancien. L'atelier *Bruno Noël* doit notamment sa réputation à la réalisation d'ouvrages sur mesure intemporels recouverts de la patine du temps.

De plus en plus de réalisations portent sur des aménagements intérieurs : les clients font confiance à l'expérience de l'atelier gantois pour transformer leurs idées en réalisations concrètes.

ATELIER BRUNO NOEL
Speistraat 44
B – 9030 Mariakerke
TEL. : +32 (0) 9 227 47 45
FAX : +32 (0) 9 236 29 55
www.bru-no.be
info@bru-no.be

Détail d'un plan de travail en petit granit qui a été adouci et ensuite huilé. Les bords ont été taillés selon la technique ancestrale "taille ancienne".

LOUIS CULOT :
UN ARTISAN ACCOMPLI

En trois générations, la réputation de *Louis Culot* n'a fait que croître au point de devenir l'une des meilleures entreprises spécialisées dans la pierre naturelle au Benelux. Elle est capable d'offrir au client un travail professionnel dont la qualité est largement reconnue.

Louis Culot a fait de l'utilisation de la pierre naturelle dans la cuisine sa spécialité : plans de travail, mais aussi revêtements de sols et murs. De nombreux cuisinistes de renom choisissent l'entreprise de Londerzeel pour son excellent service, ses délais de livraison rapides, la qualité de finition et ses prix compétitifs. Mais *Louis Culot* vend également directement aux particuliers. Un petit déplacement dans le showroom de l'entreprise en vaut vraiment la peine. Le client peut y découvrir de nombreuses cuisines magnifiquement mises en valeur.

PAGE DE GAUCHE ET CI-DESSUS
Le plan de travail a été réalisé en pierre de Buxy de finition brossée. Les éviers ont été taillés dans un bloc massif. Le bord visible du plan de travail a été taillé à la main.
Au sol, se trouve une pierre blanche de France Massangis.

En 2004, *Louis Culot* réalise une trentaine de cuisines par semaine : dans des types de pierre naturelle les plus variés (granit, pierre bleue belge, Azul Cascais, Buxy, ...), mais aussi de plus en plus en pierres composites *Okite* et *Silestone*, dont *Louis Culot* garde toujours en stock quelques dizaines de couleurs les plus courantes. Cette pierre est extrêmement durable et facile à entretenir : un atout important dans une cuisine ou salle de bains moderne.

Louis Culot réalise également des ouvrages sur mesure les plus variés : escaliers, revêtements de salles de bains, sols, cheminées, tours de portes et fenêtres, pierres tombales, etc.

Au cours des dernières années, *Louis Culot* a connu une forte croissance : l'entreprise compte désormais plus de vingt collaborateurs motivés. Deux équipes sont en permanence sur les routes pour le placement d'ouvrages sur mesure et récemment, un architecte d'intérieur a été engagé pour donner forme à la pierre naturelle, telle que rêvée par le client.

PAGE DE GAUCHE ET CI-DESSUS
Tant la cheminée que le sol du salon, les tablettes de radiateurs et l'évier taillé à la main ont été réalisés en pierre Massangis.

La terrasse est recouverte de pierre bleue belge vieillie.
L'évier et le socle sont également en pierre bleue.

Pierre naturelle et savoir-faire

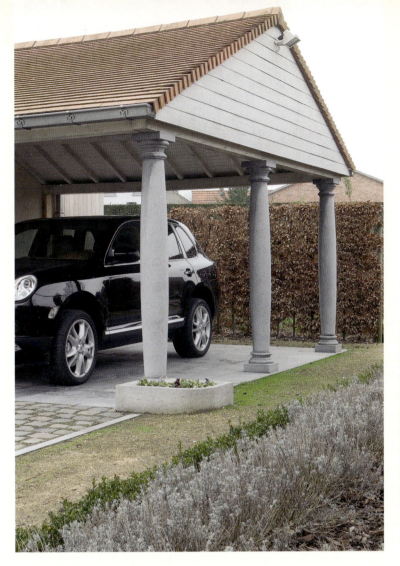

Le car-port repose sur des piliers en pierre bleue.

La clôture est fixée à deux poteaux en pierre Massangis Jaune.

Dans ce reportage, *Louis Culot* nous propose un projet complet : plusieurs types de pierre naturelle dans et autour de la maison (pierre bleue, Massangis, Buxy, etc.) sont intégrés pour former un ensemble harmonieux.

LOUIS CULOT SPRL

Meerstraat 104
B - 1840 Londerzeel
TEL.: +32 (0)52 30 94 90
FAX: +32 (0)52 30 37 00
www.culot.be
info@culot.be

L'encadrement de porte et les dalles sont en pierre bleue.

PIERRE NATURELLE ET SAVOIR-FAIRE

TROIS SALLES DE BAINS DU *GROUPE MORIS* DANS UN STYLE CONTEMPORAIN ET INTEMPOREL

Les réalisations du *Groupe Moris* se distinguent par leur pureté et la simplicité avec laquelle des matériaux de construction authentiques sont intégrés dans un habitat intemporel.

Le *Groupe Moris* possède également les connaissances nécessaires sur les techniques et matériaux pour créer les plus beaux aménagements de cuisines et salles de bains : un savoir-faire sans faille qui trouve ses racines dans les anciennes traditions artisanales.

Guy Moris, le réalisateur, s'est spécialisé dans le travail et la pose d'anciens bassins, bains et sols en pierre naturelle. Il possède un atelier de taille de pierre à Bevel, où la pierre est travaillée de manière artisanale pour s'intégrer dans des réalisations de caractère.

PAGE DE GAUCHE ET CI-DESSUS

Association contemporaine de marbre blanc de Carrare et de pierre bleue.
Les éviers massifs en marbre de Carrare écuré reposent sur une tablette en pierre bleue adoucie. Le sol est en dalles de marbre de Carrare écuré mat.

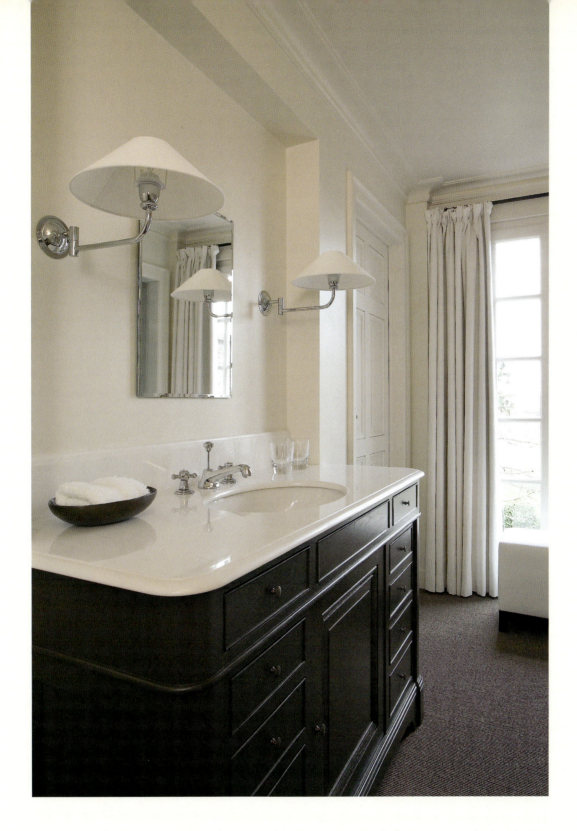

Dans la propriété du *Groupe Moris*, le visiteur découvre un large stock de pierres rares de récupération recouvertes d'une magnifique patine : pierre blanche de Balegem, dalles en pierre bleue, ancien marbre de Carrare, et bien d'autres encore.

Dans ce reportage, le savoir-faire du *Groupe Moris* est illustré à partir de trois salles de bains de réalisation récente : du style résolument contemporain au classique intemporel.

PP. 188-191
Revêtement de baignoire et tablette de lavabo en marbre blanc de Carrare, d'après un projet de l'exécutant.

GROUPE MORIS

Rameyenstraat 10
B - 2590 Berlaar - Gestel
TEL.: +32 (0)3 482 43 74
FAX: +32 (0)3 482 43 74
www.groepmoris.com

PP. 192-193

Le bain, le mur, le sol et la vasque sont en grès de France légèrement adouci.

VANDERLINDEN-HOLEMANS : TRAVAIL SUR MESURE EXCLUSIF

Toute sa vie durant, *Henri Vanderlinden* a été actif dans le domaine de la pierre naturelle : à six ans, il entre dans l'entreprise créée en 1907 par son grand-père.

En tant que président de la *Fédération Royale des Maîtres Marbriers de Belgique, Henri Vanderlinden* est l'une des figures les plus emblématiques du monde belge de la pierre naturelle : récemment encore, il est parvenu à créer au sein de sa fédération une commission de conciliation, initiative qui a été reprise par l'ensemble du monde de la construction.

En 2004, *Vanderlinden-Holemans* est une florissante entreprise familiale spécialisée dans la pierre naturelle, établie dans le zoning industriel de Wavre.
Vanderlinden-Holemans est surtout connue pour l'exécution d'ouvrages en pierre naturelle particulièrement complexes. Son savoir-faire dans ce domaine est connu bien au-delà de nos frontières : récemment, l'entreprise était encore à Londres, dans la région de Florence et à Istanbul, pour des travaux sur mesure particuliers dans des habitations privées.

Pour ces incrustations, tous les types de pierre naturelle belge disponibles ont été utilisés : pierre bleue, Noir de Vinalmont, Noir de Mazy, Rouge Griotte, Rouge Royal, Noir de Longpré, etc.

PAGE DE GAUCHE ET CI-DESSUS

Vanderlinden-Holemans a réalisé tous les ouvrages en pierre naturelle des "Vitrines de la Wallonie" à Bruxelles, un projet du bureau d'architectes *Axia*. Sol et banc en Noir de Vinalmont poli.

Un escalier en pierre de Vinalmont, avec bandes sablées antidérapantes en pierre naturelle.

Cet escalier a été exécuté par *Vanderlinden-Holemans* en pierre bleue belge. Les marches ont été sciées et "sclypées".

Page de gauche et ci-dessus

Un sol en Noir de Vinalmont poli est délimité par du Noir de Mazy et décoré de cabochons, également en pierre de Mazy.

En Belgique, l'entreprise *Vanderlinden-Holemans* doit sa réputation à ses réalisations dans le secteur public : les escaliers et revêtements muraux du métro *Eddy Merckx* à Bruxelles, la maison communale de Dour et les "Vitrines de la Wallonie" à Bruxelles, illustrées dans ce reportage.
L'entreprise, qui emploie aujourd'hui une cinquantaine de salariés, exécute également des ouvrages sur mesure de qualité pour des résidences privées.

VANDERLINDEN-HOLEMANS SPRL

Rue de l'Industrie 4
B – 1301 Wavre
TEL.: +32 (0)10 41 11 17
FAX: +32 (0)10 41 01 60
Vanderlinden-holemans@skynet.be

PAGE DE GAUCHE ET CI-DESSUS

Vanderlinden-Holemans a réalisé les ouvrages exclusifs en pierre naturelle dans cette villa conçue par l'architecte *Catherine Lipszyc*. Marches en Chassagne beige / rose, finition adoucie. La cheminée a également été réalisée en Chassagne. La douche est recouverte de marbre grec White Olympos.

COUSAERT - VAN DER DONCKT:
UNE PASSION POUR LE PETIT GRANIT

Cousaert - Van der Donckt conçoit et réalise des travaux sur mesure pour cuisines et salles de bains, tables et éviers massifs, etc.

L'entreprise de Kluisbergen (Ardennes flamandes), créée en 1992 par *Dirk Cousaert*, affiche une nette préférence pour les matériaux de récupération et les techniques artisanales ancestrales.

Dans les ateliers dotés d'un équipement professionnel, une équipe d'hommes de métier motivés et expérimentés livre un travail sur mesure parfait, entièrement réalisé selon les souhaits du client.

Une table en pierre bleue belge bouchardée sur les côtés. Cadre en "greenheart". Le sol est recouvert de dalles en pierre bleue.

PAGE DE GAUCHE

Dans cette table, dessinée par *Dirk Cousaert*, du petit granit a été associé à un cadre en "greenheart" et des pieds en chêne ancien.

Un ancien évier en pierre bleue de Tournai repose sur des pieux provenant de Zeebrugge : L'eau saline a recouvert ceux-ci d'une magnifique patine.

Cousaert – Van der Donckt dispose en permanence d'un large stock d'anciens éviers.

Détail d'un évier, bord bouchardé.

Déversoir sculpté en petit granit.

Dirk Cousaert s'inspire des modèles d'anciens éviers en petit granit pour réaliser ses propres créations.

Un ancien évier en petit granit repose sur un meuble en chêne. Les nouveaux robinets ont été vieillis par *Cousaert – Van der Donckt*.

Toutes les réalisations en pierre naturelle ont une finition réalisée à la main.

Une composition exceptionnelle : un ancien panneau de petit granit (5 cm d'épaisseur) a été associé à du "greenheart" et un poteau massif en bois d'azobe.

Dans ce reportage, transparaît la passion que *Dirk Cousaert* nourrit pour la pierre bleue de récupération (également connue sous le nom de petit granit), qu'il aime associer au bois de chêne ou à d'autres matériaux naturels dans des projets excentriques : tables originales, éviers d'antan, déversoirs, etc.
La plupart de ses créations sont exposées dans le showroom à Kluisbergen : une série de constructions érigées entièrement à partir de matériaux de récupération conformément aux principes de cet artiste passionné par la pierre naturelle.

Une ancienne enclume sert aujourd'hui tantôt de table d'appoint, tantôt de mortier, tantôt de support pour statue, etc.

COUSAERT - VAN DER DONCKT

Stationsstraat 160
B - 9690 Kluisbergen
TEL.: +32 (0)55 38 70 53
FAX: +32 (0)55 38 60 39
www.cousaert-vanderdonckt.be
info@cousaert-vanderdonckt.be
Heures d'ouverture :
Lundi, mardi et vendredi : de 13 à 18h
Mercredi et jeudi : fermé.
Samedi et dimanche : de 14 à 18h
(fermé le premier dimanche du mois).

MICHEL VERSCHAEVE: LA PIERRE NATURELLE RECOUVERTE DE LA PATINE DES ANNÉES

En 1976, *Michel Verschaeve* ouvre un commerce de matériaux de construction anciens à Kuurne (Flandre occidentale).

Aujourd'hui, son entreprise est devenue l'une des principales références de Belgique dans le domaine des dalles de Bourgogne et pierres bleues, cheminées, carrelages en terre cuite, planchers, anciennes portes, etc.

Michel Verschaeve est un marchand complet dans les matériaux de récupération : on trouve chez lui toutes sortes d'antiquités de construction.

Verschaeve va chercher ses matériaux de construction authentiques dans des demeures historiques belges et françaises. Ses critères de sélection sont très stricts : seuls les matériaux de construction les plus exclusifs aboutissent dans le dépôt de *Verschaeve* situé à côté de son showroom de 5 000 m² (intérieur et extérieur).

Il est connu pour sa large collection de sols en pierre naturelle : dalles de Bourgogne, dalles d'églises et abbayes, petit granit et autres.

PAGE DE GAUCHE ET CI-DESSUS

Michel Verschaeve offre une large collection d'antiquités de construction : anciennes dalles de Bourgogne, anciennes portes, anciennes cheminées, ornements de jardin, bassins massifs, etc.

PP. 206-207
Vestiges d'un riche passé architectural dans des pierres naturelles les plus variées : pierre bleue belge, marbre de Carrare d'Italie, pierre de France, etc.

Dans le domaine de la pierre naturelle, *Verschaeve* vend également un nombre toujours croissant d'ornements de jardin, colonnes, vases et autres objets divers.

MICHEL VERSCHAEVE SA

Brugsesteenweg 362
B – 8520 Kuurne
TEL.: +32 (0)56 70 46 90
FAX: +32 (0)56 72 73 99
Stokerijstraat 23
B – 8520 Kuurne
nv.verschaeve@skynet.be

GIJSEN STIJLSCHOUWEN : LEADER INCONTESTÉ

L'entreprise *Gijsen Stijlschouwen* a été créée par *Eddie Gijsen*, qui a appris les secrets du travail du marbre et de la pierre naturelle dans la petite entreprise de ses parents, à l'époque surtout spécialisée dans la fabrication et la pose d'escaliers et de sols.

Très longtemps, il a séjourné en Italie, où il a appris l'art de la sculpture et le travail du marbre. Ceci a suscité chez lui une passion inconditionnelle pour la pierre naturelle, mais aussi l'ambition de devenir le leader de sa branche.

En 1979, il inaugure un tout nouveau bâtiment avec atelier, showroom et bureaux. Six années plus tard, poussé par des désirs d'expansion, *Gijsen Stijlschouwen* déménage et s'installe dans le zoning industriel de Lanaken. Désormais, il va concentrer ses activités sur la fabrication de cheminées dont la pose est confiée à un réseau de quelque quatre-vingts vendeurs.

Une équipe de 23 collaborateurs spécialisés, formés exclusivement dans l'entreprise, produit chaque année 1600 cheminées sur des machines les plus modernes. Selon les données officielles de la *Banque Nationale*, *Gijsen Stijlschouwen* représente même plus de 70 % du nombre total des exportations belges de cheminées.

Tous les modèles de cheminées sont fabriqués de manière telle que n'importe quel type de foyer (ouvert ou fermé, au bois ou au gaz) peut être intégré dans la cheminée.

PAGE DE GAUCHE
La gamme complète de cheminées de style est magnifiquement exposée sur une superficie totale de près de 2200 m².

Toutes les cheminées sont fabriquées dans les usines de *Gijsen*, ce qui garantit une qualité irréprochable. L'entreprise délivre d'ailleurs un certificat sur lequel il est indiqué que la cheminée livrée a été fabriquée "selon les règles de l'art et du métier".

La gamme de base se compose d'une soixantaine de modèles pouvant être réalisés dans plus de vingt variétés de pierre naturelle. Plus de mille combinaisons sont donc possibles...

En 1999, s'ouvre un nouveau showroom comprenant 180 cheminées exposées sur deux étages auxquelles s'ajoutent quelque 300 autres en magasin : l'un des plus imposants showrooms au Benelux. Ce showroom est accessible en permanence aux vendeurs et à leurs clients.

Usine et bureaux :
GIJSEN STIJLSCHOUWEN SA
    Bedrijfsweg 28
    B – 3620 Lanaken
    TEL.: +32 (0)89 71 42 90
    FAX: +32 (0)89 72 27 17
    www.gijsenstijlschouwen.be
    info@gijsenstijlschouwen.be

Showroom :
GIJSEN SA
    Wolfstraat 3
    B – 3620 Lanaken
    TEL.: +32 (0)89 72 24 77
    FAX: +32 (0)89 72 25 13
    gijsen@gijsenstijlschouwen.be
    Heures d'ouverture :
    Du lundi au samedi : de 10 à 17h30
    Fermé les dimanches et jours fériés.

GUIDE D'ADRESSES

AXV
Bureau d'études
Axel Verhoustraeten & Jacques Van Haren
9 avenue du Vert Chasseur
B– 1180 Bruxelles
TEL.: +32 (0)2 511 54 43
FAX: +32 (0)2 511 53 88
32 rue Guynemer
FR – 75006 Paris
TEL. /FAX: +33 (0)1 45 44 33 42
info@axv.be
Reportage pp. 88-97

CLAIRE BATAILLE & PAUL iBENS DESIGN sa
Vekestraat 13 bus 14
B – 2000 Anvers
TEL.: +32 (0)3 213 86 20
FAX: +32 (0)3 213 86 39
www.bataille-ibens.be
info@bataille-ibens.be
Reportage pp. 52-59

BURO I
Architecture
Hoogleedsesteenweg 415
B – 8800 Roeselare
TEL.: +32 (0)51 22 33 00
FAX: +32 (0)51 24 55 86

BURO II
Architecture d'intérieur
Hoogleedsesteenweg 415
B – 8800 Roeselare
TEL.: +32 (0)51 21 11 05
FAX: +32 (0)51 22 46 74

C&C DESIGNBURO sprl
Alfons Minoodtlaan 8
B – 9030 Mariakerke
TEL.: +32 (0)9 227 03 79
FAX: +32 (0)9 227 78 29
Reportage pp. 158-161

SOPHIE CAMPION
MOB.: +32 (0)475 44 93 47
sophie.campion@skynet.be
Reportage pp. 98-103

CARRIERES DU HAINAUT
Rue de Cognebeau 245
B – 7060 Soignies
TEL.: +32 (0)67 34 78 00
FAX: +32 (0)67 33 00 59
www.carrieresduhainaut.com
Reportage pp. 136-139

COSTERMANS sa
Dwarsdreef 52
B - 2970 Schilde
TEL.: +32 (0)3 385 02 44
FAX: +32 (0)3 384 29 66
info@costermans-projecten.be
www.costermans-projecten.be

COUSAERT - VAN DER DONCKT
Stationsstraat 160
B - 9690 Kluisbergen
TEL.: +32 (0)55 38 70 53
FAX: +32 (0)55 38 60 39
www.cousaert-vanderdonckt.be
info@cousaert-vanderdonckt.be
Heures d'ouverture:
Lundi, mardi et vendredi: de 13 à 18h.
Fermé le mercredi et le jeudi.
Samedi et dimanche: de 14 à 18h.
(fermé chaque premier dimanche du mois).
Reportage pp. 200-203

LOUIS CULOT sprl
Meerstraat 104
B - 1840 Londerzeel
TEL.: +32 (0)52 30 94 90
FAX: +32 (0)52 30 37 00
www.culot.be
info@culot.be
Reportage pp. 180-185

DE CLERCK BERNARD
Bureau d'architectes
Aarselestraat 18
B – 8700 Aarsele
TEL.: +32 (0)51 63 61 39
FAX: +32 (0)51 63 52 15
bernard.de.clerck@c3a.brenda.be
Reportage pp. 60-63

PP. 214-215
Une réalisation de l'architecte *Pascal Van Der Kelen.*

PAGE DE GAUCHE
Un hall d'entrée dessiné par *Claire Bataille & Paul ibens.*

DEJAEGERE sprl
Virginie & Odile Dejaegere
Vaartstraat 25
B – 8500 Kortrijk
TEL.: +32 (0)56 22 87 81
MOB.: +32 (0)475 79 13 78
FAX: +32 (0)56 20 49 93
www.interiors-dejaegere.be
dejaegere_interiors@hotmail.com
Reportage pp. 162-165

GROUPE MORIS
Rameyenstraat 10
B - 2590 Berlaar - Gestel
TEL.: +32 (0)3 482 43 74
FAX: +32 (0)3 482 43 74
www.groepmoris.com
Reportages pp. 152-155; 186-193

GIJSEN STIJLSCHOUWEN sa
Bedrijfsweg 28
B – 3620 Lanaken
TEL.: +32 (0)89 71 42 90
FAX: +32 (0)89 72 27 17
www.gijsenstijlschouwen.be
info@gijsenstijlschouwen.be
Showroom:
GIJSEN sa
Wolfstraat 3
B – 3620 Lanaken
TEL.: +32 (0)89 72 24 77
FAX: +32 (0)89 72 25 13
gijsen@gijsenstijlschouwen.be
Heures d'ouverture:
Du lundi au samedi de 10 à 17h30
Fermé le dimanche et jours fériés.
Reportage pp. 208-211

GOES WIM
Architecte
Pekelharing 41b
B – 9000 Gent
TEL.: +32 (0)9 233 65 20
Reportage pp. 106-109

HULLEBUSCH sa
Brugsebaan 4a
B– 8850 Ardooie
TEL.: +32 (0)51 46 78 67
FAX: +32 (0)51 46 78 71
www.hullebusch.be
info@hullebusch.be
Reportage pp. 144-151

JADOT L. sprl
rue Th. Verhaegen 158
B – 1060 Bruxelles
TEL. : +32 (0)2 538 05 93
FAX : +32 (0)2 538 14 43
Reportage pp. 80-87

NOEL BRUNO (ATELIER)
Speistraat 44
B – 9030 Mariakerke
TEL.: +32 (0)9 227 47 45
FAX: +32 (0)9 236 29 55
www.bru-no.be
info@bru-no.be
Reportage pp. 172-179

PENTARCH ARCHITECTEN
Nobelstraat 3
NL – 2513 BC Den Haag
TEL.: +31 (0)70 360 38 60
www.pentarch.nl
l.geerinck@pentarch.nl
Reportage pp. 176-177

PIERRE BLEUE BELGE
Les carrières de la Pierre Bleue Belge sa
1, Chemin des Carrières
B – 7063 Neufvilles
TEL.: +32 (0)67 34 68 00
FAX: +32 (0)67 34 68 01
www.pierrebleuebelge.be
info@pierrebleuebelge.be
Reportage pp. 140-143

QUADVLIEG BERT
Lanterdijk 10
NL – 6116AH Roosteren
TEL.: +31 (0)46 449 34 01
FAX: +31 (0)46 449 33 63
Reportage pp. 166-171

't SMEDENHUYS
Caroline Derycke
Smedenstraat 42
B – 8000 Bruges
TEL.: +32 (0)50 33 00 56
FAX: +32 (0)50 33 88 61
MOB.: +32 (0)476 22 82 69
www.smedenhuys.be
info@smedenhuys.be
Reportage pp. 64-69

STELLAMANS sprl
Pieterbaesstraat 5
B - 8870 Izegem
TEL.: +32 (0)51 30 71 72
FAX: +32 (0)51 31 50 79
Reportage pp. 74-79

STONE WEST sa
Grote Steenweg 13
B – 9870 Zulte (Olsene)
TEL.: +32 (0)9 388 91 11
FAX: +32 (0)8 388 91 13
www.stonewest.be
info@stonewest.be
Showroom:
Du lundi au jeudi de 8-12 h. & 13h-17h30
Vendredi 8-12h. & 13-16h.
Samedi 9-12h.
Reportage pp. 124-135

THEMENOS sc
in & exterior architecture
Waalse Kaai 20
B – 2000 Anvers
TEL.: +32 (0)3 248 49 93
FAX: +32 (0)3 248 56 23
www.themenos.be
themenos@skynet.be
Reportage pp. 112-115

TOP MOUTON sa
Obterrestraat 67-69
B – 8972 Poperinge
TEL.: +32 (0)57 30 12 91
FAX: +32 (0)57 30 16 76
www.topmouton.be
info@topmouton.be
Reportage pp. 106-111

VAN DEN BOGAERT LEON sa
Nerenweg 1
B – 9270 Kalken (Laarne)
TEL.: +32 (0)9 367 52 01
FAX: +32 (0)9 367 99 90
Reportage pp. 64-69

VAN DEN WEGHE sa
Statiestraat 69
B – 9870 Zulte
TEL.: +32 (0)9 388 83 00
FAX: +32 (0)9 388 51 66
www.vandenweghe.be
info@vandenweghe.be
Reportages pp. 44-51, 80-77, 106-111, 112-115, 158-171

VAN DER KELEN PASCAL
Architecte
Kerkstraat 6
B - 9190 Stekene
TEL.: +32 (0)3 779 61 83
FAX: +32 (0)3 789 99 41
www.pascalvanderkelen.com
pascalvanderkelen@village.uunet.be

VANDERLINDEN-HOLEMANS sprl
Rue de l'Industrie 4
B – 1301 Wavre
TEL.: +32 (0)10 41 11 17
FAX: +32 (0)10 41 01 60
Vanderlinden-holemans@skynet.be
Reportage pp. 194-199

VINCENT VAN DUYSEN ARCHITECTS
Lombardenvest 34
B - 2000 Anvers
TEL.: +32 (0)3 205 91 90
FAX: +32 (0)3 204 01 38
www.vincentvanduysen.com
vincent@vincentvanduysen.com

VAN HOOREN L.
Architecte
Mechelsesteenweg 311
B – 1933 Sterrebeek
TEL.: +32 (0)784 29 70

VAN REETH NATHALIE
Architecte d'intérieur
Prins Boudewijnlaan 152
B - 2650 Edegem
TEL.: +32 (0)3 443 70 20
FAX: +32 (0)3 443 70 25
nathalie.vanreeth@tiscali.be
Reportage pp. 70-73

MICHEL VERSCHAEVE sa
Brugsesteenweg 362
B – 8520 Kuurne
TEL.: +32 (0)56 70 46 90
FAX: +32 (0)56 72 73 99
Stokerijstraat 23
B – 8520 Kuurne
info@verschaevenv.be
Reportage pp. 204-207

WESTVLAAMS TEGELHUIS
Armoedestraat 15
B – 8800 Rumbeke (Roeselare)
TEL.: +32 (0)51 263 263
FAX: +32 (0)51 263 273
www.westvlaamstegelhuis.be
info@westvlaamstegelhuis.be
Heures d'ouverture showroom:
Tous les jours ouvrables de 9 à 12h.
et de 13h30 à 18h.
(fermé le mardi matin)
Samedi de 9 à 12h.
Reportage pp. 116-123

PAGE DE GAUCHE
Une cheminée en pierre naturelle particulièrement décorative dans une réalisation de l'architecte *Rubbers*.

PAGES SUIVANTES
Une réalisation de *Buro I* (architecture) et *Buro II* (architecture d'intérieur).

CRÉDIT PHOTOGRAPHIQUE

Toutes les photos: Jo Pauwels, excepté:

Jean-Luc Laloux: pp. 2, 4-5, 17 en bas, 18, 21 à gauche, 22-23, 25 en bas à droite, 29 à gauche, 30-31, 34, 35 en haut, 37, 38-39, 41 en bas, 52-59 , 214-215, 216, 220
Westvlaams Tegelhuis: p. 21 à droite
Grégoire Semal: pp. 32-33, 88-97
Patrick Verbeeck: pp. 116-123
Foto-in Valcke: p 135
Art Photo Laurent: pp. 136-139
André Nullens / Carrières de la Pierre Bleue Belge: pp. 140-143
Hullebusch: pp. 150-151
Danny Dedeurwaerdere: pp. 178-179
Monique Peers: pp. 200-203